Crypto

Tutto quello che c'è da sapere prima di investire...

INDICE

Introduzione — Pag.8

1. Le Cryptovalute — Pag.12
-Vantaggi del mondo Crypto
-Svantaggi del mondo Crypto

2. Blockchain — Pag.18
-Cos'è un nodo?

3. Proof Of Work e Proof Of Stake — Pag.21
-Come funziona il Mining?
-Mining farm
-Cos'è lo staking?
-Lo Slashing

4. Bitcoin e Ethereum — Pag.29
-Il valore di Bitcoin
-Il valore di Ethereum

5. DeFi e CeFi — Pag.34

6. Domande essenziali Pag.38
-Come si studia una Cryptovaluta?
-La Tokenomics in breve...

7. la Blockchain "perfetta" Pag.47

8. Speculazione vs Investimento Pag.51
-Cos'è la FOMO?

9. Exchange Pag.55
-Parliamo di KYC...

10. Wallet Pag.60
-Private Key e Public Key

11. Hardware Wallet Pag.64

12. Memecoin, Shitcoin e tanto altro... Pag.67

13. I vari tipi di Cryptovalute... Pag.70

14. Cosa prevede la legge Pag.74

Introduzione

In un mondo in continua evoluzione, dove ci si evolve in maniera veloce e in cui l'evoluzione prima o poi arriverà a toccare tutti i campi, per forza di cose ci dovrà essere un evoluzione anche Economica. E'forse arrivato finalmente il momento di questa evoluzione? Siamo forse giunti finalmente a una soluzione?... Le Cryptovalute saranno veramente il futuro dell'economia? Un futuro in cui non ci sono intermediari, un futuro in cui non siamo osservati, e comandati da pochi esseri umani che hanno il pieno controllo su molti esseri umani...Un futuro in cui i nostri soldi saranno di nostra proprietà, e non di proprietà di Sistemi Bancari, o simili. E questa cosa è realmente possibile?

In questo libro scopriremo insieme se effettivamente le Cryptovalute hanno un valore, parlando del loro funzionamento, spiegandolo in modo chiaro, in modo che tutti possano capire questo mondo e farne parte.

Detto questo non vorremo rubarvi altro tempo con l'introduzione del libro, dato che il nostro obiettivo è proprio quello di cercare di spiegare questo mondo in poche pagine, quindi cominciamo subito...

Partiamo dalle basi... **Cosa sono le Cryptovalute?**

Una **Cryptovaluta**, sempre più popolare al giorno d'oggi, è una moneta in formato digitale, di cui non esiste una forma fisica.

Solitamente alla parola **Cryptovaluta** viene spesso associata la parola **Blockchain**...

Nei prossimi capitoli approfondiremo meglio tutto quello che dovreste sapere prima di investire in questo mondo, delle azioni che devono essere compiute prima d'investire, capendo realmente cosa si intende con la parola "Investimento".

Senza perdere tempo cominciamo subito!

Cap. 1 - Le Cryptovalute

Come detto in precedenza... La **Cryptovaluta** è una moneta in formato digitale di cui non esiste una forma fisica. Essa permette di effettuare pagamenti su internet, o nei negozi in cui viene accettata come metodo di pagamento.
Permette di fare molto altro, ma approfondiremo queste cose con calma più in avanti...

• Le **Cryptovalute** funzionano in modo completamente autonomo, senza bisogno di
intermediari, al contrario dei sistemi già esistenti.

Come possono essere completamente autonome?

Il sistema **Crypto** è gestito in modo completamente autonomo dalla tecnologia **Blockchain**.

Prima di capire cos'è la **Blockchain**, elenchiamo i vantaggi e gli svantaggi delle **Cryptovalute**...

VANTAGGI DEL MONDO CRYPTO

Quali sono i vantaggi delle **Cryptovalute**?

Una delle prime caratteristiche positive di questo mondo è sicuramente la libertà di trasferimento. Infatti è possibile inviare e ricevere qualsiasi quantità di denaro, in qualsiasi parte del mondo vi troviate e in qualsiasi momento voi vogliate, il tutto praticamente in modo istantaneo.

Inoltre tramite la tecnologia chiamata **Blockchain**, che approfondiremo tra poco, il mondo delle **Cryptovalute** permette la completa **Trasparenza** delle transazioni, consentendo di visionare e verificare in tempo reale la transazione eseguita da chiunque, in qualsiasi momento.

Un ultimo vantaggio di questo mondo è la **Proprietà**, al contrario del mondo attuale, dei vostri soldi.

Perchè i soldi non sono realmente vostri?

Un argomento che molti ignorano...

Molti pensando che i soldi depositati in **Banca** siano di loro **Proprietà**, anche se, proprio dal momento in cui si va a effettuare un deposito in **Banca**, come può essere un accredito dello stipendio o un qualsiasi bonifico ricevuto da un altra persona, si perde la **Proprietà** sul quel denaro, poichè la **Banca** può usarlo per i propri interessi, come coprire debiti o usufruirlo per effettuare investimenti.

Ovviamente anche se la **Proprietà** del denaro detenuto in essa non appartiene più al risparmiatore, la **Banca** sarà tenuta alla restituzione alla richiesta di prelievo da parte del risparmiatore.
Questo fa si che durante il prelievo di grandi somme la **Banca** potrebbe creare dei problemi nel rilasciare immediata disponibilità.

SVANTAGGI DEL MONDO CRYPTO

Quali sono gli svantaggi delle **Cryptovalute**?

• Sicuramente uno dei primi svantaggi è che, essendo un mondo ancora in evoluzione, ci sono molti progetti su cui bisogna stare attenti a investire, per questo è importante effettuare i propri studi prima d'investire in una **Cryptovaluta**.
Alcune di esse andrebbero completamente evitate, esempi come le **Shitcoin** o **Memecoin** di cui parleremo prossimamente...

• Un secondo svantaggio, purtroppo, è quello della possibilità di essere Hackerati, infatti è importante stare sempre molto attenti a creare un **Wallet** sicuro, oppure comprare un **Hard Wallet**...

Approfondiremo questi due argomenti successivamente per essere sicuri che possiate entrare in questo mondo con la massima **Sicurezza**.

Scopriamo ora, insieme cos'è una **Blockchain** e perchè è importante per l'ecosistema.

Cap. 2 - Blockchain

Cerchiamo di immaginare la **Blockchain** come una grande struttura, chiamata database, in cui vengono conservati i dati, questi ultimi vengono registrati cronologicamente e sono visibili da tutti, in qualsiasi momento, questo rende la **Blockchain Trasparente** e **Sicura**.

La **Blockchain**, come si può capire dal nome che significa catena di **Blocchi**, è un sistema **Decentralizzato** che non ha bisogno di intermediari, un sistema che viene gestito completamente dalla tecnologia. Questo impedisce ogni tipo di **Censura** da parte dell'uomo, infatti in un sistema **Decentralizzato** nessuno vi darà problemi vietandovi di fare parte di questo mondo, che voi siate di colore, di religioni diverse ecc...

La **Blockchain** per funzionare ha bisogno dei **nodi**...

COS'E' UN NODO?

Un **nodo** è la base della **Blockchain**, solitamente è un computer che permette di validare le transazioni effettuate da un utente.
Inoltre un **nodo** contiene tutte le informazioni di tutte le transazioni effettuate all'interno della **Blockchain**.

Successivamente un insieme di **nodi** "generano" un **blocco**.

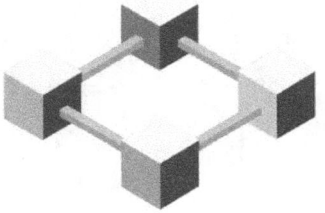

Come funziona un blocco?

Il **Blocco**, successivamente, viene collegato a tutti i **Blocchi** precedenti e a tutti i **Blocchi** che verranno "generati" successivamente, permettendo così alla **Blockchain** di essere **Sicura** e **Immutabile**.

Cap. 3 - Proof Of Work e Proof Of Stake

Tornando al **nodo**, esso può avere diversi tipi di validazione...

Ad esempio, **Bitcoin**, una delle **Cryptovalute** ormai più conosciuta nel mondo fino a oggi, nonchè la prima **Cryptovaluta** che sia stata mai creata utilizza il **Mining** per permettere a un **Validatore**, in questo caso chiamato **Miner**, di validare le nuove transazioni.

• Questo processo viene chiamato anche validazione **Proof Of Work,** di cui parleremo tra pochissimo.

COME FUNZIONA IL MINING?

Nella validazione **Proof Of Work**, c'è bisogno di un **Miner**, ovvero colui che decide di usare la potenza del proprio computer per compiere l'azione di validare le transazioni nella **Blockchain**.

Ogni volta che viene validato un blocco di transazioni, il **Miner** riceve una piccola ricompensa. Questa ricompensa gli permette di guadagnare e di mantenere la baracca.

Prima di passare a conclusioni affrettate...

Se stai pensando di fare il **Miner** come lavoro, mi dispiace deluderti...sei arrivato troppo tardi. Infatti ormai non è più possibile effettuare **Mining** con un semplice computer da casa.

Di fatti al giorno d'oggi estistono vere e proprie **Farm** in cui ci sono migliaia di computer, creati appositamente per il **Mining**.

MINING FARM

Chiamate **Mining Farm**, esse infatti, permettono di avere migliaia e migliaia di computer accesi ventiquattro ore su ventiquattro, sette giorni su sette e di lavorare sulla **Blockchain** senza mai fermarsi, ovviamente in questi casi si paga il costo dell'energia, in alcuni casi anche molto alto.

Come abbiamo visto in precendeza un **nodo** può avare diversi tipi di validazione, un altro di questi è il **Proof Of Stake**, usato ad esempio nel caso della **Cryptovaluta Ethereum**...

Nel caso del **Proof Of Stake** non ci sono **Miner**, ma **Staker** che fanno da validatori, anche essi vengono ricompensati, in questo caso lo **Staker** guadagna grazie alle commissioni delle transazioni, in gergo chiamate **Fees**, eseguite dall'utente.

In questo caso il metodo di validazione si bassa sullo **Staking**, infatti un **nodo** per diventare **nodo Validatore** deve rispettare necessariamente dei requisiti minimi.

• Prendiamo come esempio la Cryptovaluta **Ethereum**; nel suo caso si devono detenere almeno **32 Ethereum** in **Staking** per poter diventare un **nodo Validatore**.

COS'È LO STAKING?

Quando si parla di **Staking** si intende che l'utente blocca alcune delle proprie **Cryptovalute** per un determinato periodo di tempo, ovvero mette a rendita per del tempo, ricevendo un interesse su di esse. Il periodo di tempo dello **Staking** può variare da alcuni giorni a diversi mesi, in alcuni casi, in realtà, non c'è un periodo di tempo da rispettare per esso, di conseguenza si possono ritirare le proprie **Cryptovalute** in qualsiasi momento si voglia. Ovviamente questa libertà porta ad un minore rendimento previsto dallo **Staking**, poichè reputata "meno rischiosa".

Se non è possibile diventare un **nodo Validatore**, poichè non si hanno i requisiti minimi richiesti, allora si può decidere di delegare il proprio **Staking** ad altre persone o aziende, ricavando comunque una percentuale in **Staking**, quest'ultima viene decisa dall'azienda stessa e in base a quanto viene reputata pericolosa una determinata valuta.

- La percentuale di guadagno viene chiamata percentuale d'Interesse annuale o anche chiamata **APY**.

Più la percentuale sarà alta più il nostro guadagno aumenterà. L'interesse solitamente viene accreditato giornalmente o settimanalmente o in alcuni casi anche mensilmente direttamente sul **Wallet** della piattaforma con cui stiamo eseguendo lo **Staking**.

LO SLASHING

Ora che abbiamo parlato dello **Staking** vorremmo aprire una parentesi sullo **Slashing**.

Che cos'è lo **Slashing**? In breve, se per esempio, il **Nodo Validatore** restasse offline o cercasse di effettuare il **Double Spending**, ovvero spendere due volte un stessa valuta, esso riceverebbe una punizione.

Con il termine "**Slashing**" si intende proprio una punizione verso un **Nodo Validatore** nel sistema **Proof Of Stake**.

Cosa succede se un Validatore subisce Slashing?

- Se un **Validatore** viene scoperto a fare il suo lavoro in modo errato, gli viene requisita una percentuale dello **Stake**.

Essa puo'variare in base alla gravità delle azioni compiute.

Cap. 4 - Bitcoin e Ethereum

Bitcoin nasce nel 2008, creato da **Satoshi Nakamoto**, di cui non si conosce ancora l'identità.

L'intento di **Satoshi Nakamoto** era quello di sostituire il sistema bancario attuale, rendendo quindi il tutto senza limiti e senza intermediari.

IL VALORE DI BITCOIN

Al giorno d'oggi **Bitcoin** sta diventando sempre piu'popolare, in alcuni stati è stato introdotto addirittura come moneta legale permettendo ai cittadini dello stato di effettuare acquisti e pagamenti di ogni tipo con la **Cryptovaluta**.
Se **Bitcoin** crescesse di valore potrebbe creare delle vere e proprie rivoluzioni. Ad esempio stati molto poveri che hanno deciso di investire in esso, potrebbero arrivare a guadagnare talmente tanto da diventare le nuove **Superpotenze**.

 • Il valore di **Bitcoin**, al contrario del valore dell'Euro, viene deciso dagli utenti, se gli utenti credono e quindi investono in esso, il prezzo dello stesso sale, se al contrario le persone decidono di non investire più in **Bitcoin** il prezzo potrebbe calare fino ad arrivare anche a zero. Inoltre **Bitcoin** è limitato, infatti ne esistono solamente 21 milioni.
(Attualmente **Bitcoin** da molte persone viene considerato il futuro e potrebbe effettivamente diventarlo in poco tempo).

Ethereum a differenza di **Bitcoin,** di cui non si conosce un creatore, ha un volto a cui fare riferimento.

Ethereum nasce nel 2015 da parte di uno dei maggior sostenitori di **Bitcoin**, conosciuto come **Vitalik Buterin,** di 28 anni , programmatore russo.

IL VALORE DI ETHEREUM

Come **Bitcoin**, **Ethereum** permette di trasferire denaro da un utente all'altro, in aggiunta **Ethereum** permette di utilizzare gli **Smart Contract**, un contratto a tutti gli effetti che viene firmato tramite il portafoglio personale.

- Inoltre gli **Smart Contract** permettono di eliminare qualsiasi errore umano durante lo scambio di **Cryptovalute**, portando l'utente a dover "firmare" un contratto per confermare la transazione.

- Gli **Smart Contract** permettono inoltre di effettuare operazioni più complicate delle semplici transazioni, come la pubblicazione di **NFT** e altre cose di cui non entreremo in merito per non rendere il tutto troppo complicato.

Cap. 5 - DeFi e CeFi

Iniziamo innanzitutto con la definizione di **DeFi** e **CeFi**...

• La parola "**DeFi**" è solo un abbreviazione che sta a indicare un qualcosa di **Decentralizzato**, ovvero un sistema che non ha bisogno di intermediari, un sistema in cui ci si affida totalmente alla tecnologia, diventando più liberi e più responsabili dei propri soldi.

• Al contrario l'abbreviazione "**CeFi**" sta a indicare un mondo dove esiste un sistema con intermediari, dove ci si affida alle persone che sono dietro a una azienda o a una **Banca**, appoggiandosi su servizi che gli stessi offrono.

Un sistema **Centralizzato** è lo stesso sistema del mondo attuale.

Rendiamo quello detto fin'ora più chiaro...

• Nella **CeFi**, quindi **Centralizzazione**, c'è solitamente un azienda dove è essa a prendere decisioni al posto nostro, ed è anche la stessa ad avere il controllo sui nostri soldi, poichè, se come già successo, un azienda bloccasse i prelievi o presentasse disservizi all'interno del sistema, non si potrebbero più ritirare i soldi o usarli fino alla risoluzione del problema.

Se per esempio, la **Banca**, come accade spesso, presentasse problemi allo sportello automatico per il prelievo del denaro, nessun utente potrebbe prelevare denaro, fino a problema risolto, questo ovviamente causa molti disagi al giorno d'oggi.

CeFi
Centralized Finance

- Nella **DeFi**, ovvero **Decentralizzazione**, siamo noi a decidere sui nostri soldi, avendone la piena responsabilità.

Al contrario, nel mondo **DeFi**, anche se si presentassero problematiche, si potrebbe continuare a usare i propri soldi senza troppi problemi.

Il sistema della **DeFi** è costruito per funzionare correttamente anche se alcune delle sue parti sono malfunzionanti.

Cap. 6 - Domande essenziali

Prima di passare a come comprare una **Cryptovaluta**, è necessario effettuare delle ricerche accurate...

Infatti l'investimento, al contrario di quanto pensano molti, non è un 50 e 50, o si vince o si perde, al contrario, si studia quello in cui si vorrebbe investire per capirne il valore.

Quali sono le domande da porsi prima di investire?

Queste domande sono essenziali per evitare il **gambling,** ovvero quella situazione in cui o si vince e si guadagna oppure si perde tutto.

Per capire che valore può avere una **Cryptovaluta**, dovremmo analizzare il suo progetto.

Passiamo quindi ora alle domande da porsi...

La prima domanda da porsi, dovrebbe essere:

1) Quale problema risolve questa Cryptovaluta?

Ricordiamo che al giorno d'oggi, nel 2022, ci sono ormai più di migliaia di **Cryptovalute** in circolazione, bisognerebbe quindi capire che non tutte queste riusciranno a sfondare e non tutte hanno un vero e proprio senso di esistere, molte di esse infatti sono costruite sotto forma di truffa o costruite senza un vero progetto dietro, quindi **ATTENZIONE**.

Un'altra domanda che dovremmo porci, è proprio:

2) Qual'è il progetto alla base della Cryptovaluta?

I progetti dietro le **Cryptovalute** andrebbero valutati molto attentamente, poichè il progetto è una delle cose fondamentali che da valore alla **Cryptovaluta**.

Un'ultima domanda da prosi dovrebbe essere:

3) Quale utilizzo ha la Cryptovaluta?

La **Cryptovaluta** deve necessariamente avere un'utilizzo.

Essa infatti deve poter essere usata all'interno del progetto in modo sensato, portando l'utente ad avere un motivo per detenere quella **Cryptovaluta**

COME SI STUDIA UNA CRYPTOVALUTA?

Possiamo studiare il progetto di una **Cryptovaluta** analizzando **la missione** che il **Team** vuole portare a termine con il progetto, e **il piano** per arrivare alla conclusione di questa missione, solitamente definita come **Road Map**.

Inoltre, secondo noi, una cosa da non sottovalutare è proprio il **Team** che c'è dietro a un progetto.
Se quest'ultimo sembra poco sicuro di se o le persone all'interno di esso sono poco
affidabili, faremo meglio a lasciar stare il progetto e cercarne un'altro su cui investire.

Un altra cosa essenziale da valutare prima di investire in una **Cryptovaluta** è guardare l'andamento dei prezzi della stessa, esso infatti racconta la sua storia.

- Se proprio non si riesce a resistere alla tentazione di "**scommettere**", perchè magari un progetto ci sembra molto interessante, al di la del prezzo o al di la di tutte le cose elencate fino a ora, possiamo comunque scegliere di aggiungere una parte **Speculativa** al nostro portafoglio, assegnandogli la quantità di denaro che siamo pronti a perdere e **nulla di più.**

Personalmente consigliamo di restare su un 5% del portafoglio totale.

Infine per analizzare al meglio un **Cryptovaluta** bisogna esaminare anche la **Tokenomics**.

LA TOKENOMICS IN BREVE...

La **Tokenomics** si riferisce innanzitutto alla struttura economica di una **Cryptovaluta**.

Alcuni dei fattori più importanti da considerare quando si esamina la **Tokenomics** di una **Cryptovaluta:**

1) **Offerta del Token**: La domanda e l'offerta sono i fattori principali che influenzano il prezzo in qualsiasi bene o servizio. Perciò analizzare quanta richiesta è presente dietro una **Cryptovaluta** è fondamentale.

2) **Offerta in circolazione**: Essa definisce il numero di **Cryptovalute** in circolazione, chiamata anche **Supply**.

Ad esempio, questa è la **Supply** di **Bitcoin**, come possiamo vedere in **Max Supply** viene mostrato il totale estraibile di una **Cryptovaluta**, che come abbiamo visto in **Bitcoin** è di 21 Milioni. Questo rende **Bitcoin** una **Cryptovaluta** scarsa. Al contrario su **Total Supply** possiamo vedere le **Cryptovalute** attualmente in circolazione.

Quindi ricapitolando... la **Supply** si divide in "due parti", **Max Supply** e **Total Supply**.

- La **Max Supply** è il totale di **Cryptovalute** estraibili.

- La **Total Supply** è il totale di **Cryptovalute** estratte fino ad ora.

3) **Utilità**: L'utilità del token è anche essa essenziale per valutarne il valore.

Come vedremo in futuro, esistono diversi casi d'uso per una **Cryptovaluta**.

Questi fattori possono aiutare a determinare le potenziali adozioni future di una **Cryptovaluta**, andandone così a impattare sul suo valore.

Per concludere, la valutazione delle **Cryptovalute** richiede impegno e tempo, ma visto che si tratta dei vostri soldi, più tempo impiegate nella valutazione dell'Asset su cui investire e più ci sarà possibilità di portare a casa risultati.

Cap.7 - La Blockchain "perfetta"

Durante lo sviluppo di una **Blockchain**, si va solitamente in contro a 3 problematiche...

1. **Scalabilità**
2. **Decentralizzazione**
3. **Sicurezza**

Queste 3 solitamente si contrastano l'una con l'altra.

Partiamo spiegando il loro significato.

1) La **Scalabilità** è la capacità della **Blockchain** di gestire un numero di transazioni che tende ad aumentare giorno dopo giorno.
Essa si diversifica in vari ambiti, come ad esempio velocità delle transazini oppure le commissioni basse.

La **Scalabilità** rende accessibile la **Blockchain** a tutti gli utenti.

2) La **Decentralizzazione** è fondamentale.
Come abbiamo visto in precendenza essa per funzionare ha bisogno dei **Nodi**, più **Nodi** ha al suo interno più viene reputata **Decentralizzata**. Al contrario meno **Nodi** possiede meno viene reputata **Decentrallizzata**.
La **Decentralizzazione** in questo mondo è fondamentale per mantenere l'obiettivo principale delle **Cryptovalute**.

3) Infine la **Sicurezza**, quest'ultima deve necessariamente essere presente per mantenere l'integrità della **Blockchain**.

In un sistema basato sulla **Blockchain** è molto difficile trovare il punto d'accordo tra questi tre aspetti.

• Di conseguenza la **Blockchain** che riesce ad avere questi tre requisiti, verrebbe reputata la **Blockchain** "perfetta".

Per capire meglio quello che abbiamo appena detto prendiamo come esempio **Bitcoin**.

- **Bitcoin** ha piena **Decentralizzazione** e piena **Sicurezza**, ma è poco **Scalabile**, poichè l'arrivo dei molteplici utenti, attualmente a più di 10 milioni di utenti giornalieri, ha ridotto la capacità di velocità e aumentano drasticamente le **Fees**, portando così **Bitcoin** a non essere alla portata di tutti.

Questo non significa che **Bitcoin** è da buttare, infatti molti programmatori hanno già presentato diverse soluzioni per ovviare al problema delle **Scalabilità**.

Cap.8 - Speculazione vs Investimento

Parliamo ora di un argomento molto delicato...

Iniziamo spiegando la differenza tra l'attività di investimento e l'attività di speculazione.
Queste due si possono contraddistinguere per la gestione del rischio, dal modo di pensare e dalla personalità del singolo individuo.

• Solitamente, un investitore è lungimirante, ovvero tende ad andare su un'investimento piu'"sicuro", evitando completamente o quasi il rischio.
Un investitore, per esempio, potrebbe detenere il 5% o il 10% del suo portafoglio in una piccola parte speculativa, poiche'a conoscenza, tramite lo studio, dei progetti che secondo lui hanno senso di esistere, evitando così di costruire un portafoglio troppo rischioso.

- Al contrario colui che specula, solitamente chiamato **Trader**, ovvero colui che effettua operazioni ad alto rischio nel tentativo di ottenere guadagno dalle fluttuazioni di un **Asset**, nella maggior parte dei casi non pensa al progetto, evitando di studiarne le origini, il motivo della nascita e non ponendosi le domande che abbiamo visto in precedenza.

- Colui che specula di solito è una persona avida, una persona che non si accontenta, impaziente e che non ha tempo ne voglia di aspettare anni prima di ricevere i frutti dell'investimento.

COS'È LA FOMO?

Purtroppo in molti casi l'utente poco esperto si fa prendere dalla **FOMO**, ovvero la paura di perdere qualcosa mentre gli altri ne stanno godendo, ad esempio la paura di perdere dei possibili guadagni.

La **FOMO** potrebbe facilmente spingere una persona a comprare una valuta in modo frettoloso, non permettendogli di effettuare i giusti accorgimenti, portandolo così alla completa perdita o quasi completa del capitale.

Teniamo a farvi notare che durante l'investimento bisogna frenare le emozioni e ragionare in modo razionale, cercando di evitare gli acquisti presi dall'euforia o da altre emozioni che ci spingono a vendere o comprare un determinato **Asset**.

Cap.9 - Exchange

Un **Exchange** è un solitamente una piattaforma che ci permette di creare un **Wallet** su cui poter comprare, vendere o scambiare le **Cryptovalute**. Senza di esso sarebbe impossibile comprarle o venderle.

Attualmente i più famosi sono...

• **Binance**, con la sua interfaccia più complicata rispetto ad altri. Da non molto è uscita anche la possibilità di avere una carta di credito con esso, che permette di effettuare pagamenti.

• **Crypto.com**, anche esso con la sua carta di credito basata su più piani, in cui maggiori saranno i requisiti richiesti e maggiori saranno i vantaggi, ad esempio **Netflix** o **Spotify** gratis, l'accesso alle **Lounge** degli aereoporti gratuitamente e molto altro.

In questo caso, spiegare il funzionamento di ogni **Exchange** diventa complicato, poichè ognuno ha una propria grafica e delle proprie regole, quindi ci limiteremo a dire che ogni **Exchange** ha una sezione per comprare, ovvero la sezione **Buy** e una sezione **Sell**, che ci permette al contrario di vendere le nostre **Cryptovalute**.
Oltre a queste due sezioni è presente la sezione di ricerca, in cui, come si può caprire, permette di cercare la **Cryptovaluta** che si vuole comprare o vendere.

- In un **Exchange** inoltre viene mostrato il grafico, ovvero l'andamento di una determinata **Cryptovaluta** nel corso del tempo.

Nella maggior parte dei casi l'**Exchange** è una piattaforma **Centralizzata**, in cui per registrarsi, vengono richiesti i vostri dati, quindi di conseguenza un minorenne o una persona che non pone molta fiducia, stenta a dare.

PARLIAMO DI KYC...

Come abbiamo visto poco fa per eseguire la registrazione in una piattaforma **Centralizzata** ci vengono richiesti dati personali.

Questi dati solitamente vengono richiesti tramite il sistema **KYC**, abbreviato da **Know Your Client**, "Conosci il tuo Cliente", questo permette tramite richiesta di documenti e un video registrato dove solitamente viene inquadrato il volto, o procedure simili, di verificare l'identità del cliente.

Sempre parlando di **Exchange** esistono degli **Exchange** chiamati **DEX**, che normalmente non richiedono il **KYC**

Anche essi ci permettono di acquistare una o più **Cryptovalute**, tramite transazione diretta.

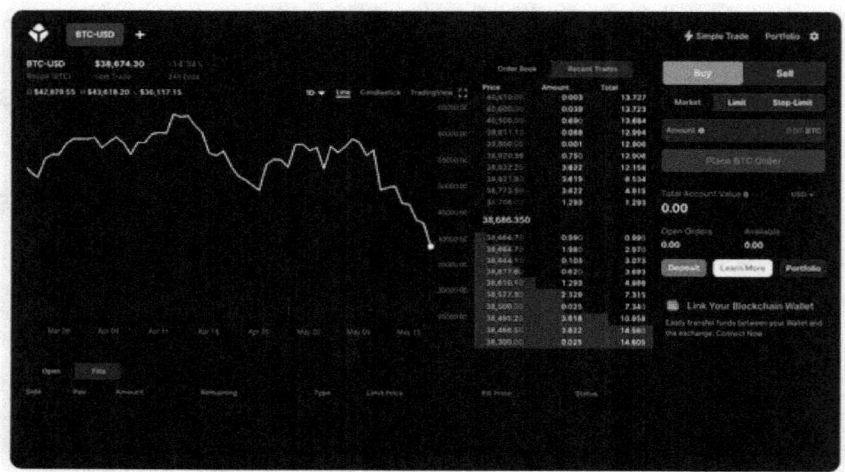

Per ultimo, ma non per importanza, abbiamo un altro modo, per creare un **Wallet** per l'acquisto di **Cryptovalute**, ovvero l'**Hardware Wallet**...

Cap. 10 - Wallet

Abbiamo nominato piu'volte la parola **Wallet**. Vediamone il significato.

Il **Wallet** è un portafoglio che viene creato in modo digitale, uno strumento assolutamente fondamentale per chi vuole investire in questo mondo. Esso infatti ci permette di effettuare operazioni come ad esempio comprare, vendere, inviare, ricevere e spendere le proprie **Cryptovalute**. Il **Wallet** permette inoltre di verificare il saldo che abbiamo a disposizione.

Al contrario di quanto potrebbe apparire è molto facile da utilizzare...

Cerchiamo di spiegarne il funzionamento pratico...
Come detto in precedenza, il **Wallet**, permette di inviare o ricevere **Cryptovalute**...
Esso contiene anche la **Chiave Privata** e la **Chiave Pubblica** dell'utente.

PRIVATE KEY E PUBLIC KEY

Una **Private Key**, o **Chiave Privata**, è un codice alfanumerico di sicurezza che permette al possessore del **Wallet** di effettuare una transazione e dimostrare la proprietà del suo patrimonio.

Se qualcuno riuscisse a mettere le mani sulla **Chiave Privata**, otterrebbe automaticamente l'accesso al tuo **Wallet**, potendo successivamente firmare la conferma delle transazioni, permettendogli di inviare le **Cryptovalute**, mettendo così a rischio il vostro intero patrimonio.
Di conseguenza bisogna prestare particolarmente attenzione a essa.

Ricordate che nessuno vi chiederà mai la vostra **Chiave Privata** di uno o più **Wallet** in vostro possesso.
Non condividetela con nessuno.

Ogni **Chiave Privata** può generare una sola **Chiave Pubblica**, quest'ultima, permette una volta condivisa, di ricevere le **Cryptovalute** da altri utenti.
Essa al contrario deve e può essere condivisa.

Dalla **Chiave Pubblica**, una volta che essa viene condivisa, non si può ricavare la **Chiave Privata**

Cap. 11 - Hardware Wallet

Un **Hardware Wallet** permette di conservare le proprie **Cryptovalute** in un modo più sicuro rispetto ad un **Wallet** normale. Quando si parla di **Hardware Wallet** si intende un **Wallet**
fisico, realizzato per essere più sicuro.

Nel **Wallet** normale, per confermare le transazioni si è costretti a esporsi online, firmando il cosidetto **Smart Contract**.
Al contrario nell'**Hardware Wallet** si possiede la forma fisica, di conseguenza tutte le transazioni vengono confermate tramite tasti o impronta digitale poste sopra di esso.

Quando si acquista un **Hardware Wallet**, verrà generata una **Seed Phrase**, chiamata anche **Recovery Phrase** o **Recovery Seed**, essa è la porta di accesso al tuo **Wallet**.

Solitamente, la **Seed Phrase**, contiene **12 o 24 parole** che permettono di accedere all'**Hardware Wallet**. Esse vengono generate alla prima accensione dell vostro **Hardware Wallet**, qualunque esso sia.

Queste parole chiavi vengono generate completamente in modo casuale. Non c'è nessun modo in cui una persona possa indovinare la vostra **Seed Phrase**.

• Consigliamo per tanto di fare attenzione a dove si acquista l'**Hardware Wallet**... verificate sempre che il sito sia il sito originale.

• Controllate inoltre se il pacco è in condizioni ottime e che non presenti segni di apertura.

Cap. 12 - Memecoin, Shitcoin e tanto altro...

Come abbiamo detto più volte, per investire è necessario prima studiare il progetto, proprio per questo ora parleremo di quelle **Cryptovalute** che non hanno un senso, se non per speculazione, di essere acquistate.

Inizierei parlando delle **Memecoin**.
Esse rientrano nella categoria di **Cryptovalute** da evitare.

- Le **Memecoin** sono quel tipo di **Cryptovalute**, come ad esempio **Dogecoin**, che vengono create per scherzo, basandosi su dei meme.
Esse, molto spesso, sono soggette a fortissime oscillazioni di prezzo, per questo consigliamo di non investirci a meno che non siate esperti.

- Passando alle **Shitcoin,** anche esse, come le **Memecoin,** rientrano tra le **Cryptovalute** da evitare. Esse vengono create con l'obiettivo di voler far investire, ricavando più soldi possibili, per poi sparire completamente nel nulla.
Questo ovviamente viene considerato una vera e propria truffa.

Le **Memecoin** e le **Shitcoin** non presentano un progetto effettivo. Per questo bisogna stare attenti quando si investe in questo mondo.

Cap. 13 - I vari tipi di Cryptovalute...

Cerchiamo ora di passare alla parte bella delle **Cryptovalute** esistenti.

• La prima categoria da elencare sono le **Altcoin**, il loro nome deriva da Alt- Alternative dall'inglese, e coin ovvero moneta.

Questo termine viene usato per tutte le valute al di fuori di **Bitcoin**, una di queste per esempio potrebbe essere **Ethereum**, che al momento viene ritenuto come un **Altcoin**, nonostante ormai il suo valore sia molto alto e vicino a quello di **Bitcoin**.

• Un'altra categoria esistente sono i **Token** di **Governance**.
I **Token** di **Governance** sono un altro modo per "governare" le aziende, questo **Token** viene comunemente usato nelle **DAO**, ovvero le **Organizzazioni Autonome Decentralizzate**.

Questo **Token** permette di avere decisioni o proporre cambiamenti che l'organizzazione procederà successivamente a realizzare.

Questo permette inoltre alle persone che credono particolarmente a un progetto di sentirsi partecipi in esso.

Un altra categoria di **Cryptovalute** sono le **Stablecoin**.
La **Stablecoin** è una valuta digitale stabile da cui deriva il loro nome, "ancorata", in termine tecnico **Peggata** a una riserva stabile come il dollaro o l'euro, essa attua il **Peg** al valore di una di queste riserve, per esempio al valore del dollaro o al valore dell'euro, definite valute **FIAT**, permettendo di creare una sorta di ponte tra il mondo delle **Cryptovalute** e il mondo normale.
Se si vuole ad esempio detenere liquidità senza rinunciare ai benefici della **Decentralizzazione** lo si può fare con esse.

Anche in questo caso non esiste l'investimento "sicuro", di cui ci si può fidare al 100%, dovrete effettuare comunque la vostra analisi prima di allocare parte del capitale comprando **Stablecoin**.

Cap. 14 - Cosa prevede la legge

Questo capitolo potrebbe risultare un pò ostico da spiegare, quindi procediamo con calma.

Iniziamo con il dire che i legislatori, ovvero coloro che emanano le leggi, da data 01/01/2023, hanno approvato la nuova **Legge di Bilancio 2023**, in cui viene espresso un nuovo regolamente sulle **Cryptovalute**. Essa impone un'**Aliquota** fissa del **26%** che viene applicata nel caso venga realizzata una Plusvalenza superiore a **2.000 euro** annui. Tali **Plusvalenze** non costituiscono rilevanza tramite scambio tra crypto-attività. Essa si deve pagare solamente al ritiro delle **Cryptovalute**, ovvero quando esse vengono convertite in moneta **FIAT**, quindi in **Valuta Nazionale** e solamente nel caso venga realizzato una **Plusvalenza**, ovvero quando si realizza un profitto rispetto al nostro investimento iniziale.

Nel caso in cui ritirassimo le nostre **Cryptovalute** in una situazione di **Minusvalenza**, ovvero una situazione in cui ci troviamo in perdita rispetto al nostro investimento iniziale, non si sarà obbligati a pagare l'**Aliquota** prevista.

Se invece la soglia complessiva del nostro portafoglio non superasse la soglia prevista dalla **Legge di Bilancio 2023**, saremmo comunque obbligati a dichiarare gli **Asset** detenuti.

Ricordiamo che le leggi potrebbero essere successivamente aggiornate/modificate dall'uscita di questo libro.

www.ingramcontent.com/pod-product-compliance
Lightning Source LLC
Chambersburg PA
CBHW050253220526
45465CB00002B/668